AF369483

UNE MATINÉE

D U

PONT NEUF,

DIVERTISSEMENT-PARADE EN UN ACTE,

MÊLÉ DE VAUDEVILLES;

Par MM. DIEU-LA-FOY, FRANCIS, DESAUGIERS
et EM. DUPATY.

Représenté à Paris, sur le Théâtre du VAUDEVILLE,
le   Janvier 1806.

A PARIS,

Chez BARBA, Libraire, palais du Tribunat, galerie
derrière le Théâtre Français, et galerie des Libraires,
vis-a-vis le passage Virginie, N°. 14.

1806.

PERSONNAGES. ACTEURS.

M. GOBIN, marchand de draps.	M. VERPRÉ.
JULIE, sa fille.	Mlle. MINETTE.
Mme. LEDOUX, jeune orangère.	Mme. BELMONT.
LANTINET, apprentif sculpteur, son cousin.	M. SEVESTE.
MODENVILLE, jeune fat.	M. JULIEN.
UN AUTEUR.	M. LENOBLE.
UN AVOCAT.	M. DACOSTA.
UN PERRUQUIER.	M. DUHAN.
La vieille GOUVERNANTE de Gobin.	Mme. DUCHAUME.
SALINEAU, patron de barque du Havre.	M. St.-LÉGER.
MARINIERS, passans.	

CRIEURS ET MARCHANDS DU PONT NEUF.

La Scène est sur le Pont Neuf.

UNE MATINÉE

DU

PONT NEUF.

Le Théâtre représente le Pont Neuf. Le parapet dans le fond, une échope d'orangère de côté. Il est huit heures du matin.

SCÈNE PREMIÈRE.

TOUS LES MARCHANDS, *traversant l'un après l'autre*

UN Mᵈ. DE GATEAUX.

IL brûle, il brûle, il brûle.

UN Mᵈ. DE PTISANNE.

A la fraîche qui veut boire.

UNE Mᵈᵉ. DE FLEURS.

Des bouquets pour mettre dans les pots.

UNE AUTRE.

Il embaume, il embaume.

UN COLPORTEUR.

Voilà le journal du soir de ce matin, dixième bulletin. . . . .

UN CHANTEUR.

Y a de l'oignon, de l'oignette,
Y a de l'oignon.

LE COLPORTEUR.

Défaite de dix mille autrichiens. . . .

UN Mᵈ. D'HABITS.

Habits, vieux chapeaux à vendre, vieux galons.

UN Mᵈ. DE BAGUETTE.

Battez vos habits, battez vos femmes.

UNE M^{de}. DE PLAISIRS.

Régalez-vous mesdames, voilà le plaisir.

LE COLPORTEUR.

La prise de Vienne.....

UNE M^{de}. DE POIRES.

A quatre pour un sol, les anglais.

(Tous les cris reprennent.)

UNE MARCHANDE.

Tiens ! voilà un faraud qui passe, achetez, monsieur achetez....

SCÈNE II.

LES MARCHANDS, MODENVILLE.

MODENVILLE, *entourré par les marchands.*

Air : *De la Fricassée.*

Grand dieu! qu'ils font étourdiffans.
Comme à la ronde,
Ici la foule abonde.
Quels fons aigus! quels cris perçans !
Laiffez donc paffer les paffans.

LA M^{de}. DE MARONS.

Monfieur veut-il des marons ?

UNE AUTRE.

Monfieur veut-il des citrons ?

LE COLPORTEUR.

Mofieur veut-il des journaux?

LA M^{de}. DE GATEAUX.

J'ai des gateaux.

LA M^{de}. DE PLAISIR.

J'ai du plaifir
A vous offrir.

MODENVILLE.

Grand dieu! qu'ils font étourdiffans!

(5)

Comme à la ronde,

Ici la foule abonde.

Quels sons aigus! quels cris perçans!

Laissez donc passer les passans.

TOUS.

Voyez avec ces airs pimpans ,

Comme à la ronde

Ça vous traite le monde.

Allons chercher d'autres chalans

Qui fassent vivre les marchands.

(Les marchands s'éloignent en répétant leurs cris.)

MODENVILLE.

Enfin , m'en voilà débarassé *!* mais au fait, n'est-ce
pas un spectacle assez piquant qu'un jeune homme bien
né , la merveille de Lons-le-Saulnier , sur le Pont-Neuf
de Paris , à huit heures du matin , c'est incroyable , ma
parole.....

Air : *Dans la paix et l'innocence.*

Je devine la surprise ,

Des amis qui me verront ,

Dès le matin , à la bise ,

Me réchauffer sur ce pont.

Mais un double objet me presse......

En désertant mon quartier......

Je poursuis une maîtresse ,

Et je fuis un créancier.

La marchande d'oranges la plus jolie et le marchand
de draps le plus juif..... C'est singulier *!* On dit que
tout le monde attrape ce monsieur Gobin; et moi, j'ai
une peur de tous les diables d'en être attrappé..... Mais,
mon dieu, quel vent *!* quel froid *!* ce que c'est qu'une
passion?

Air : *Contre-dance.*

Transi ,

Quoique fidelle ,

Ici

J'attends ma belle;

Qu'il faut brûler pour elle,

Pour se morfondre ainsi !

Moi, que l'amour desire ,

Dans maint joli boudoir ,

Je grelotte et soupire

Sur un maudit trotoir.

Le fripon qui me flatte ,

Veut qu'ici je combatte ,

Les rigueurs d'une ingratte

Et les rigueurs du tems.

Mais mon ardeur fidelle ,

Malgré les noirs autans ,

S'accroit pour la cruelle,

Lorsqu'ici je l'attends.

Est-ce chose étonnante ?

Non, morbleu, puisqu'il vente....

Toute flamme s'augmente

Par le souffle des vents.

Mais elle ne vient pas..... Je parie que ce maudit mariage de famille dont elle s'occupe depuis huit jours éprouve encore des obstacles , ce sont des importunités à n'en pas finir ; mais je m'y prends de si bonne heure, aujourd'hui, que j'espère être plus heureux. En attendant, à quoi vais-je passer le tems?.... Ma foi, à rire au dépens du premier original qui passera.... Eh ! la drôle de figure.... Voilà ma victime.

SCENE III.

MODENVILLE, L'AUTEUR.

MODENVILLE.

Eh ! bonjour donc, mon cher monsieur, vous ne me connaissez pas, n'est-il pas vrai?

L'AUTEUR.

Non, monsieur, je n'ai pas cet avantage.

MODENVILLE.

Eh bien ! ni moi non plus ; mais vous pouvez, en passant, me rendre un service.

L'AUTEUR.

Parlez, monsieur, il est très-heureux, chemin faisant, de pouvoir obliger ses semblables.

MODENVILLE.

(*A part*) Ses semblables ! Ah ! je suis le semblable de monsieur, c'est flatteur. (*haut.*) Oserais-je, monsieur, vous demander qui vous êtes ?....

L'AUTEUR.

Auteur dramatique.

MODENVILLE.

Prenez donc garde de tomber.

L'AUTEUR.

Je suis encore loin du parapet.... Et tel que vous me voyez, je cours dès le matin pour trouver une circonstance dont je puisse faire une pièce ; car nous n'avons plus de caractères, plus de ridicules à peindre....

MODENVILLE.

Comment ! vous n'avez plus de ridicules ?

Air : *Ça n'se peut pas.*

Eh ! monsieur, faites-nous paraître
Des auteurs.

L'AUTEUR.

Ils font épuisés !

MODENVILLE.

Faites briller un petit maître.

L'AUTEUR.

Les petits maîtres font usés.

MODENVILLE.

Il est tant d'intrigues fecrettes,
Tant de joueurs, tant de valets.......

L'AUTEUR.

Valets, petits maîtres, coquettes,
Mauvais fujets, mauvais sujets.

Les années précédentes nous avions au moins des co-
mettes, des ballons, les hommes à écailles, les femmes
invisibles, les éléphans, les puces, le géant, le nain, les
vélociferes....

MODENVILLE.

Et tout cela vous a fourni....

L'AUTEUR.

Mille sujets précieux.

Air : *Jeunes filles jeunes garçons.*

Avec le géant et le nain,
J'ai fait d'affez bonnes affaires;
Bientôt, grace aux vélocifères,
Je fis encor mieux mon chemin.
J'existais des astuces
De tous nos charlatans,
Et j'ai vécu long-tems
Avec les éléphans
Et les puces.

MODENVILLE.

Eh bien ! monsieur, faute de puces, prenez les fleurs,
elles sont à la mode, c'est la fureur du jour.

L'AUTEUR.

On me les a prises. N'avez-vous pas vu le ballet de
'amour à Cythère?

MODENVILLE.

En effet.

Air : *Vaudeville de Florian.*

On voit, dans ce ballet divin,
Par d'heureufes métamorphofes,
Les fleurs fe prendre par la main,
Les muguets pourfuivre les rofes;
Puis s'échappant dans les bofquets,
Pour former des fcènes muettes,
Les figurans y font bluets
Et les danfeufes violettes.

L'AUTEUR.

Vous voyez que l'amour à Cythère n'est autre chose que Tripet dans son jardin.

MODENVILLE.

Eh bien ! Passez du règne végétal, à l'animal mon ami.

L'AUTEUR.

Eh ! monsieur , pas une bête piquante dont on ait parlé cette année.

MODENVILLE.

Air : *Tenez, moï je suis un bon homme.*

Mon cher , votre erreur est complette ,
Pour faire du bruit dans Paris ,
Vous avez le ferpent fonnette......

L'AUTEUR.

Je ne fuis pas de votre avis ,
Un tel projet doit fe combattre ;
Oui , gardons-nous bien aujourd'hui
De mettre un ferpent au théâtre......

MODENVILLE.

Affez d'autres fifflent fans lui.

Reprise.

Jamais de ferpent au théâtre ,
Affez d'autres fifflent fans lui.

L'AUTEUR.

Qui le sais mieux que moi. Mais voulez-vous me dire quel service je puis vous rendre.

MODENVILLE.

Vous me l'avez rendu, monsieur, je m'ennuyais tout seul et je desirais qu'un homme d'esprit me tînt compagnie.

L'AUTEUR.

Et c'est à moi que vous vous adressez pour cela ?... Il est très-déplacé de m'arrêter dans mes courses , sur-tout par le froid qu'il fait.

(On entend crier.)

Il brûle, il brûle, il brûle.

B

(Une autre voix.)

A la fraîche. . . . .

L'AUTEUR.

Je suis très-courroucé, . . . Je me souviendrai de vous,
monsieur, et je vous mettrai sur la scène. Me voir mys-
tifié de la sorte ! Pauvres talens ! Pauvres talens.

(Il sort.)

MODENVILLE.

Il me quitte furieux, c'est toujours un quart d'heure
de passé.

SCÈNE IV.

MODENVILLE, LE DECROTEUR.

LE DÉCROTEUR.

Un coup de brosse, not' pratique ?

MODENVILLE.

Volontiers, mon garçon. *(à part.)* Cela me donnera
un maintien en attendant. *(On entend la ritournelle de
l'air : Voilà la petite Laitière.)* La voici, je l'entends.
(haut.) Fais vite.

SCÈNE V.

LES PRÉCÉDENS, Mme. LEDOUX, *avec deux
paniers d'oranges.*

Mme. LEDOUX.

Air : *Voilà la petite laitière.*

Voilà, voilà la marchande d'oranges,
   Qui n'a pas encore étrenné;
Voilà, voilà la marchande d'oranges,
A quinz' fols, quinz' fols c'est donné.
C'est y là du propre et du frais ?
Y allons donc, y allons donc, mes petits anges,

Avec moi, mettez-vous en frais,

G'na d'quoi z'agacer vos objets.

Voilà, voilà, &c.

MODENVILLE.

Toujours charmante !

Mme. LEDOUX.

- Ah ! C'est vous, monsieur Modenville.

MODENVILLE.

Moi-même, petite ingrate, qui viens voir si vous me tiendrez toujours rigueur.

Mme. LEDOUX.

Suite de l'air.

Amans preffés, maris jaloux,

Qui fouffrez des peines étranges,

Y accourez, y accourez chez nous,

J'avons d'quoi vous rafraîchir tous.

Voilà, voilà, &c.

SCÈNE VI.

LES PRÉCÉDENS, *et successivement les différens person-nages indiqués ci-après.*

UN AVOCAT, *passant très-vîte.*

J'arriverai trop tard au palais, gare donc que je passe.

(*Il tombe sur le décroteur sans le voir.*)

LE DÉCROTEUR, *prenant à deux mains les bas de soie de Modenville.*

Prenez-donc garde, monsieur l'avocat.

MODENVILLE, *se voyant tout noirci.*

Que le diable t'emporte, imbécille.

LE DÉCROTEUR, *montrant l'avocat.*

C'est ce monsieur.

L'AVOCAT, *et la foule riant de Modenville.*

Ah ! ah ! ah ! ah ! ah !

Mme. LEDOUX, *riant de Modenville.*

Le joli effet que le noir fait sur le blanc.

UN PERRUQUIER, *tenant une perruque.*

Gare, gare, mes pratiques m'attendent. (*Il heurte l'avocat et le blanchit.*)

L'AVOCAT, *tout blanc.*

Que diable ! Prenez donc garde à ce que vous faites.

Mme. L E D O U X, *à l'avocat.*

Ah ! l'joli effet que le blanc fait sur le noir.

UN PLATRIER, *heurté par l'avocat et le perruquier,*
laisse tomber ses plâtres.

Oh ! mes grands hommes par terre. (*Il tombe sur une*
marchande de pommes.)

L A V I E I L L E G O U V E R N A N T E.

Oh ! ciel, mes pommes. (*Elle tombe sur l'échoppe*
et renverse les oranges.)

Mme. L E D O U X.

Mes oranges !

T O U s.

C'est épouventable !   (*Tableau, dispute.*)

T O U S.

Air : *Contre-danse.*

Courir de la forte ;

Main forte, main forte :

Que le diable emporte

Tous ces importuns.

Renverser les pommes,

Caffer les grands hommes !

Au fiècle où nous fommes,

Sont-ils fi communs ?

L A G O U V E R N A N T E.

Haye ! haye ! ma tête ;

Que l'on arrête

Ce malhonnête,

Ce coëffeur damné.

L E P E R R U Q U I E R.

Oui, qu'on m'atteigne,

Mais qu'on me craigne ;

Mon coup de peigne

Est bientôt donné.

T O U S, *se saisissant.*

Justice, justice,

Voilà le complice ;

Que l'on fe faififfe

Du perturbateur.

Courage, courage ,

De tout ce tapage,

De tout ce dommage ,

J'arrête l'auteur.

(Ils se prennent tous au collet.)

L'AVOCAT.

Doucement , messieurs , point de violence. Je vais juger
le fait. Je pars....

TOUS.

Non, non , vous ne partirez pas.

L'AVOCAT.

Entendez-moi donc. Je pars d'un principe!.... monsieur
le perruquier.

Air : *Des fraises.*

Vous êtes un maladroit ;

Quand on passe on regarde.

LE PERRUQUIER.

Monsieur l'avocat.

Vous avez la tape, soit.

L'AVOCAT.

Mais, monsieur, qui la reçoit.....

TOUS.

La garde! la garde! la garde!

Reprise.

Justice, justice, &c.

(Ils sortent tous en se tenant.)

SCENE VII.

Mme. LEDOUX, MODENVILLE.

Mme. LEDOUX,

Bon ! est-ce qu'ils emmennent aussi Modenville.

MODENVILLE, *revenant.*

Non, dieu merci, je me suis débarrassé d'eux.

Mme. L E D O U X, *chante.*

C'est y là du propre et du frais, &c.

M O D E N V I L L E.

Riez, riez, méchante, vous ne m'en recevrez pas moins
dans votre salon tel que je suis.

Mme. L E D O U X.

Air : *Reçois dans ton galetas.*

Croyez-vous, mon p'tit fanfan,

Entrer comm' ça dans c't'échope ?

Vous pouvez reculer d'un cran,

Maugré l'amour qui vous galoppe ;

Encor c'te fois déchantez,

Pas d'audience pour les bas mouch'tés.

M O D E N V I L L E.

Encore un prétexte pour ne pas m'écouter.

Air : *On la chagrine trop vîte.*

Peste foit de la cohue

Qu'on trouve ici tout le jour ;

J'en ai la tête perdue,

Et je me vois tour-à-tour,

Heurté par un fot qui paffe,

Raillé par un procureur,

Et pour comble de difgrace,

Crotté par un décrotteur.

C'est égal, vous me reverrez bientôt.

(Il sort.)

S C E N E   V I I I.

Mme. L E D O U X, *seule.*

Eh ben ! v'la, pourtant les scènes de tous les jours !
mais n'faut pas qu'ça m'fasse oublier que j'sis demain
d'noces.... En dépis de ce père Gobin qui ne voulait pas

donner sa fille à ce pauvre Lantinet, mon parent, et joli apprenti sculpteur, je m'en vante; Mais enfin, grace à moi, tout sera baclé demain, queu joie pour ces jeunes gens !

Air : *Ecoutez l'histoire entière.*

Grace à mon p'tit ministère,
 Tout s'arrange au mieux.
L'bon ménage qu' ça va faire;
 Ils s'mangeront des yeux.
Avant qu'l'an prochain expire,
 Un marmot naîtra;
Et qu'il me s'ra doux de dire :
 C'est moi qu'ai fait ça.

Mais est-ce qu'il ne devrait pas être déja ici, ce petit cousin.

SCENE IX.

Mme. LEDOUX, LANTINET.

LANTINET, *arrivant tout doucement.*
Me voilà.

Mme. LEDOUX.
Pardi, toi qui est sculteur, puisque tu fais des jambes, tu devrais ben t'en mouler d'plus lestes. Eh bien ! comment ça va-t-il ?

LANTINET.
Assez bien cousine.... C'n'est pas l'embarras. tout est perdu.

Mme. LEDOUX.
Tout est perdu ! mais tu m'boulverses, mon p'tit homme.

LANTINET.
Il y a bien de quoi. C'n'est pas l'embarras, ce ne sera peut-être rien ; mais le père Gobin ne veut plus de moi pour son gendre. C'est Salineau, le marchand de sel du Havre, qu'il me préfère maintenant ; vous savez bien que c'est tous les jours du nouveau avec ce père Gobin.

Mme. LEDOUX.

Mais c'est donc un télégraphe que c't'homme-là ?

LANTINET.

C'est pas l'embarras ; on lui aura fait quelque histoire sur mon compte ; et vous le connaissez.

Air : *De la sauteuse.*

Crédule , ignorant,
Il croit à toutes les merveilles;
Rien ne le surprend ,
Dans tous les contes qu'il entend.
Croyant qu'un esprit ,
Chez lui culbutait ses bouteilles,
Vîte , il les vendit,
De crainte d'avaler l'esprit.
Un jour ,
Dans un four,
Un Espagnol faisant fortune,
Sûr de l'égaler ,
Tout vif, il manqua se brûler.
Au bruit
Qu'ont produit
Les pierres tombant de la lune ,
Il fit sur-le-champ ,
Doubler son chapeau de fer blanc.
La comète enfin,
Menaçant de brûler la terre ,
Jusqu'au lendemain,
Il fut se cacher dans un bain.
Bref, l'original
Croit charlatan , sorcier , sorcière;
Tout en général ,
Jusqu'aux rèves du docteur Call.

Mme. LEDOUX.

Tiens ! cet olibrius de là bas ? pour qui monsieur Gobin t'a fait faire son buste.

LANTINET.

Oui, il a voulu le consulter sur la forme de son crâne.

Mme. LEDOUX.

Mais voyez donc la drôle d'manière de dire la bonne aventure !

LANTINET.

Air : *J'étais gissant à cette place.*

Par cette méthode nouvelle,
Il est aisé de voir, dit-on,
Si telle femme est infidelle,
Si tel homme est fot ou fripon.

Mme. LEDOUX.

Dam ! fi fur la forme d'leur nuque,
On reconnaît l's'individus,
Coufin, je ne m'étonne plus
Que tant de gens portent perruque.

Mais dis moi donc..... C'docteur l'y a-t-il fait une réponse ?

LANTINET.

Pas encore.

Mme. LEDOUX.

Eh bien ! c'est dit, je vas la chercher!

LANTINET.

Où courez-vous donc ?

Mme. LEDOUX.

Je s'rai bientôt de retour.

LANTINET.

C'n'est pas l'embarras, ça presse ; car Salineau vient d'arriver au Port au blé avec son bateau de sel.

Mme. LEDOUX.

Autant de fondu ; fais moi tant seulement le plaisir de garder un instant mes oranges.

Air : *De Gaveaux.*

Pour te venger du vieux Gobin,
Et pour t'affurer ta compagne,
Compte fur moi, mon cher coufin,

J'pars à l'instant pour l'Allemagne.

LANTINET.

L'Allemagne, et vraiment,

Le trajet est si grand.

Mme. LEDOUX.

Je reviens tout de suite ,

C'est un pays où maintenant

Les Français marchent vîte.

(Elle sort.)

SCÈNE X.

LANTINET, UN COLPORTEUR.

LANTINET.

Oh ! mon Dieu ! mon Dieu ! que de peines dans ce monde!
Ce n'est pas l'embarras , je suis bien embarrassé.... Si je
perds ma pauvre petite Julie, combien il m'en coûtera
pour la remplacer.

UN COLPORTEUR.

Deux sols à deux sols le secret de faire des amans et
des maîtresses. Monsieur veut-il m'étrenner ? C'est du véritable Cagliostro.

LANTINET.

Passez, passez, je ne suis pas ici pour acheter, je suis
pour vendre. (*le Colporteur sort.*) Le drôle de corps.

Air : *C'est ben naturel.*

Vendre deux sous l'art de plaire !

La recette n'est pas chère ,

Quand la belle a des appas,

Ce n'est pas l'embarras;

Mais au cœur de bien des femmes,

Vouloir allumer des flammes,

Que le tems n'éteigne pas......

Voilà l'embarras,

Mesdames ,

Voilà l'embarras.

(Il entre dans l'échope.)

SCENE XI.

LANTINET, JULIE.

JULIE.

Ma chère madame Ledoux, je viens vous prier.... Eh!
c'est vous Lantinet. ?

LANTINET.

Ah ! ma chère Julie, vous arrivez à propos, j'ai bien
des choses à vous dire....

JULIE.

Je ne peux pas vous écouter, mon père me suit, et il
m'a menacée de me renfermer dans la maison jusqu'à l'arrivée de Salineau, s'il me voyait un seul instant avec vous.

LANTINET.

Mais, cependant ma cousine à formé un projet....

JULIE.

Paix, vous dis-je, voici mon père, il ne fera, peut-
être, que passer ?.... Ah!....

LANTINET.

Que faites vous donc?

JULIE.

Air : *Vaudeville de M. Guillaume.*

Du mantelet de la jeune orangère,

Adroitement il faut vous affubler;

  Prenez cette coëffe légère,

  Gardez-vous sur-tout de parler. (bis.)

LANTINET.

Puis-je me taire, avec un cœur de flamme?

Et puis c'est un autre embarras,

Me prendra-t-on pour une femme,

  Si je ne parle pas ?

JULIE.

Silence et cachez votre figure sous ce mouchoir.

SCENE XII.

LANTINET, *dans l'échoppe*, **JULIE**, **M. GOBIN**, *chargé de paquets, phioles, etc.*

GOBIN, *entouré de marchands d'orviétant.*

Allons, mes amis, c'est assez, vous voyez que j'ai les poches et les mains pleines.... Ce soir je vous prendrai le reste.

TOUS LES MARCHANDS.

Serviteur à monsieur Gobin! bonne pratique!

JULIE.

Toujours assiégé par ses charlantans qui le ruineront!...

GOBIN, *à part.*

Ah! la belle chose que l'esprit humain! comme il vient à chaque instant, au secours de nos facultés physiques!.... Que d'objets précieux se trouvent sur le Pont-Neuf seulement! Ah! quel lieu que celui-ci pour la santé.

Air : *C'est un enfant.*

J'ai lu dans un livre fort sage,

Que les aveugles, les boiteux,

Un jour retrouveraient l'usage

De leurs jambes et de leurs yeux.

On a voulu taire

Où devait se faire

Un prodige pour nous si neuf......

Mais quand je regarde autour de moi, toutes les phioles, tous les paquets qui se débitent ici, une voix secrète me dit :

C'est au pont Neuf.

JULIE, *à Lantinet.*

Ne bouge pas.... Il ne nous a pas encore apperçus....

GOBIN.

Et cette mégalantropogénésie, dont les progrès sont déjà si sensibles. .... N'est-elle pas le chef-d'œuvre de l'imagination.

Air : *O ma tendre musette.*

Merveilleuſe ſcience,

C'est par toi qu'on apprit,

A ne donner naiſſance

Qu'à des enfans d'esprit;

Admirable mystère,

Eſpoir des grands états,

Pourquoi mon pauvre père

Ne te connut-il pas?

Ah ! si feue madame Gobin vivait encore. grâce à cet art merveilleux , nous étonnerions la postérité par une douzaine de petits génies qui me ressembleraient. *(se retournant et voyant sa fille.)* Eh ! mais, mais...... Qu'est-ce que je vois donc là....

J U L I E.

Mon père, j'étais venu pour regler votre petit mémoire d'oranges et de citrons.

G O B I N.

C'est bien, ma fille, elle pense à tout cette enfant. ... Eh bien ! madame Ledoux, comment va le commerce aujourd'hui ? Hein, vous ne me répondez pas ?

J U L I E.

C'est qu'elle a une fluxion qui l'empêche de parler.

G O B I N.

Elle ne peut pas parler ?.... Eh mon Dieu, que ne le dit-elle, j'ai là justement un remède admirable.

J U L I E.

Attrappe nigaud que tout ça.

G O B I N.

Mademoiselle, je n'ai jamais été attrappé.

J U L I E.

Bah ! tous vos charlatans vous font croire....

G O B I N.

Que dites vous, mademoiselle? Parlez avec plus de respect de ceux qui se consacrent publiquement au soulagement de nos infirmités. Spectacle touchant !

Air : *Dans la vigne à Claudine.*

Sur son char, dès l'aurore,
Un docteur est monté;
Sa trompette sonore,
Vous promet la santé.

JULIE.

Oui, qu'un malade achète
Son baume meurtrier,
C'est alors la trompette
Du jugement dernier.

GOBIN.

Ne l'écoutez pas, mademoiselle Ledoux, je vais vous donner une racine que vous mettrez infuser pendant trois jours dans une pinte d'eau, et demain vous m'en direz des nouvelles, mais avant, permettez que je voie l'état de la fluxion ? (*Il s'avance pour lever le mantelet.*)

JULIE, *feignant de voir un ballon.*

Ah ! mon Dieu ! le joli ballon ?
GOBIN, *prenant sa longue vue et s'appuyant sur l'échope.*
Comment ! un ballon ?

JULIE.

Oui mon père, C'est, sans doute, celui que l'on cherche à diriger.

GOBIN.

Pardon mamzelle Ledoux. Justement j'ai sur moi ma lunette acromatique, voyons de quel côté.

JULIE.

Par là, mon père.

(*Gobin observe.*)

Air : *Je suis un chasseur.*

Ce n'est plus qu'un point dans l'espace.
(*à Lantinet.*)
Otez la coëffe et le manteau.
(*à Gobin.*)
De son lest il se débarasse.

GOBIN.

Oui, c'est le fystème nouveau.

JULIE.

On dirait pourtant qu'il héfite.

GOBIN, *cherchant toujours.*

Quand on a peur on va moins vite.

JULIE.

Le voyez-vous?

GOBIN.

Je ne vois rien.

JULIE.

Maintenant il marche affez bien.

GOBIN.

Attends, je crois que je le tien.

JULIE.

Non vraiment, car moi qui vois bien,
Je vois que je ne vois plus rien.

GOBIN.

En effet je ne vois plus rien.

(Lantinet se sauve.)

SCÈNE XIII.

LES PRÉCÉDENS, LANTINET, Mme.
LEDOUX, *arrêtant Lantinet.*

Mme. LEDOUX.

Eh ben ! ou vas-tu ?

LANTINET.

Taisez-vous donc, monsieur Gobin est là.

Mme. LEDOUX.

Eh bien tant mieux. Père Gobin....

GOBIN, *quittant sa longue vue.*

Eh bin, votre fluxion? Vous parlez donc maintenant ?

(Lantinet fait un signe à madame Ledoux.)

Mme. LEDOUX.

Oh *!* ce n'est plus rien. Que regardiez vous donc ?

GOBIN.

Cette superbe expérience qui a été annoncée dans tous les journaux..... Un aéronaute qui a trouvé le secret de diriger son ballon.

Air : *Du petit matelot.*

Il doit, aux yeux de tout le monde,
Ramant dans l'air à tour de bras,
Se diriger comme sur l'onde.

Mme. LEDOUX.

J'vois l'directeux dans l'embarras.

GOBIN.

Par un effort des plus rapides,
De Tivoli sans s'arrêter,
Il ira jusqu'aux Invalides.

Mme. LEDOUX.

Qu'il prenne garde d'y rester.

GOBIN.

Bah *!* bah ! (*à Lantinet*) Quant à vous, monsieur, je vous ai signifié, hier, mes intentions solemnelles, ma fille n'est plus pour vous.

Mme. LEDOUX.

Queu diable de vertigo vous prend là, pére Gobin ?

GOBIN.

Je sais ce que j'ai vu de mes propres yeux.

Mme. LEDOUX.

Bah *!* est-ce qu'il aurait fait ?....

GOBIN.

Il ne s'agit pas de ce qu'il a fait.

Mme. LEDOUX.

Est-ce qu'il aurait dit ?....

GOBIN.

Il ne s'agit pas de ce qu'il a dit!

Mme. LEDOUX.

Mais de quoi s'agit-il donc ?....

GOBIN.

Il s'agit, il s'agit..... Je peux vous confier cela à vous, il s'agit de son crâne.

Mme. L E D O U X.

D'son crâne !

G O B I N.

Oui, madame, c'est par là que le docteur Call et moi,
nous jugeons des hommes, et je me suis apperçu que
votre cousin n'avait rien de satisfaisant dans cette partie,
approchez monsieur :

Air : *De la marche du roi de Prusse.*

A son crâne un peu rond,
Je vois qu'il n'est pas prompt,
Et que sur lui bien des malheurs pleuvront,
Car avec l'hymen, s'il ne rompt,
Il doit redouter un affront,
Dont quelques-uns, qui le sauront,
Au fond de l'ame le plaindront,
Et dont bien d'autres se moqueront,
Et pourtant lui ressembleront.
Les sots qui m'entendront,
Peut-être en douteront,
Et de benèt, de sou me traiteront;
Mais les faits qu'ils verront,
Pour moi leur répondront,
Car, chaque crâne, chaque front,
Dit ce que les hommes feront.
Les fronts élevés brilleront,
Et les fronts humbles rougiront ;
Les fronts ouverts obligeront,
Les fronts couverts intrigueront :
Les cerveaux pleins inventeront,
Les cerveaux creux radoteront,
Les cerveaux larges comprendront,
Les cerveaux lourds critiqueront;
Bref, tous les bons cerveaux échoueront,
Et tous les plats parviendront.

D

G O B I N, à *Lantinet.*

Pour la dernière fois, monsieur, je vous défends de songer à ma fille ; d'ailleurs, j'ai depuis long-tems le desir d'aller observer les phénomènes maritimes ; un marin se présente et je ne laisserai pas échapper une si belle occasion.

Mme. L E D O U X.

Qu'elle folie ! et votre magasin de draps.

G O B I N.

Je le vends, je place mes fonds sur les bateaux de Salineau, je lui ai donné rendez-vous sur ce pont, et justement le voici.

L A N T I N E T.

Que devenir ?

Mme. L E D O U X, *bas à Julie et à Lantinet.*

Ne vous inquiétez pas, mes enfans.

S C E N E X I I I.

LES PRÉCÉDENS, SALINEAU.

S A L I N E A U.

Eh bon jour, père Gobin, suis-je de parole ?... Six semaines pour remonter du Havre à Paris, pas davantage.

G O B I N.

Voilà un crâne, celui-là !

S A L I N E A U.

Air : *T'on humeur est Cathérine.*

Pour avancer notre affaire,

J'ai trouvé, tout récemment,

Une excellente manière

De remonter le courant.

Mme. L E D O U X.

Ça ne prendra pas bijoux.

Car depuis queuqu' tems on r'marque

Que plus d'un rameur nouveau,

N'a su remonter sa barque

Qu'en suivant le fil de l'eau.

GOBIN.

C'est bon, c'est bon , nous savons que vous êtes une incrédule. (*à Salineau*) Ah ! vous admirez, sans doute , mon cher ami, les superbes réparations que l'on a fait à notre Louvre.

SALINEAU.

Ma foi c'est vrai , et je dis qu'il était tems.

Air : *Le magistrat irréprochable.*

Le voilà donc ce Louvre immense,

Que l'univers nous enviait,

Et qu'une avare négligence

Laissa trop long-tems imparfait.....

Mais un héros lui rend la vie :

Nos destins avaient ordonné

Que le chef-d'œuvre du génie ,

Par la gloire fut couronné.

GOBIN.

Oui, mon ami. les héros font tout ce qu'il veulent, mais donnez-moi des nouvelles de votre port , comment vont les marées ?

SALINEAU.

Eh ?.... Ça va et ça vient.

GOBIN.

Ah ! c'est charmant. En ce cas là , je vous présente ma fille. (*à Julie.*) Mademoiselle Gobin , saluez monsieur Salineau.

JULIE.

Monsieur , je vous salue.

SALINEAU.

Ouais, il me semble que la petite me reçoit d'une manière....

GOBIN.

Oh ! mon ami, vous n'avez pas d'idée de la retenue de cet enfant, c'est la plus belle éducation de la rue Guénégaud.

SALINEAU.

Diantre !.... mademoiselle, permettez-moi de vous faire mon compliment.

Air : *Garde marine à Rochefort.*

Jamais d'ennui ni de chagrin,
Lorsque vous ferez ma compagne,
Partout la gaîté m'accompagne,
Mon cœur est pur et franc comme mon vin :
Vous ferez de tous mes voyages,
Mèmes dangers et même fort,
Nous ferons les mémes naufrages;
Nous toucherons au même port :
Tout le jour manœuvre agréable ;
Le foir nous nous mettrons à table,
On fervira les meilleurs mets :
Bifcuit, bœuf falé des plus frais ;
Et puis, fûrs de dormir en paix,
Dans mon hamac avec mystère,
Au gré de la vague légère,
Le doux zéphir,
Et le plaifir
Nous berceront la nuit entière
ENSEMBLE, *avec Gobin.*
Et vogue, vogue la galère.

JULIE, *pleurant.*

Eh bien ! mon père, je ne me soucie pas du tout de cette galère là, moi.

GOBIN.

Comment ! comment ?

Mme. LEDOUX.

Pardine ! v'la-t-il pas un joli pied à terre sur l'eau que monsieur lui propose.

JULIE.

Et lorsque j'en aime un autre....

GOBIN.

Refuser un parti aussi avantageux, un homme de quarante ans, bien confervé.

Mme. LEDOUX.

Je crois ben, toujours dans le fel.

GOBIN.

A la maison, mademoiselle, à la maison.

Mme. LEDOUX, *à Julie.*

Soyez tranquille.

GOBIN.

Soyez tranquille, mon gendre.

Mme. LEDOUX, *à Julie, qui sort.*

Tout ça s'arrangera.

GOBIN, *à Salineau.*

Tout ça s'arrangera

GOBIN et Mme. LEDOUX, *se regardant.*

Oui, tout ça s'arrangera.

LANTINET, *à madame Ledoux.*

Je vais donc attendre aussi que ça s'arrange, n'est-ce
pas. *(Il sort.)*

GOBIN.

Ah ça, mon ami, vous comptez que nous serons en
état de voguer.....

SALINEAU.

Dès que mon sel sera vendu, et je vous réponds que
ce ne sera pas long.

Mme. LEDOUX.

Je le crois ben, y a tant d'personnes qu'en manquent
à Paris.

SALINEAU.

Air : *Il faut quitter ce que j'adore.*

Mon affiche est déjà posée,
A l'Opéra, chez bien des gens ;
On prétend que plus d'un musée
Me fournira mille chalands.
D'après vos usages commodes,
Dès demain même l'on mettra
Mon sel dans le journal des Modes.

GOBIN.

Il y en aura donc ce jour-là ?

SALINEAU.

Et pour perdre encore moins de tems, faisons une chose ;

allons, tout de suite, chez le notaire, préparer nos petites conventions.

GOBIN.

Ah ! vous me ravissez.

Mme. LEDOUX, *à part.*

Diantre *!* et ma lettre d'Allemagne qui n'arrive pas.

GOBIN, *regardant à sa montre.*

Mais mon Dieu....

SALINEAU.

Qu'est-ce donc ?

GOBIN.

Mon vingt-troisième verre d'eau tiède qui m'attend.

SALINEAU.

Que diable parlez-vous d'eau tiéde ?

GOBIN.

Ah ! mon ami, c'est un prodige, une invention de cette année. je voudrais que vous eussiez la goutte.

SALINEAU.

Je vous en remercie !

GOBIN.

Je me suis déjà guéri radicalement trois ou quatre fois.

SALINEAU.

Avec quoi ?

GOBIN.

Avec quarante-huit verres d'eau tiède.

SALINEAU.

Bah !

GOBIN.

Pris de quart d'heure en quart d'heure. C'est charmant*!* demandez à madame Ledoux.

Mme. LEDOUX.

Laissez donc, j'ne donnons pas dans c'tarrosage.

Air : *Je vous comprendrai toujours bien.*

> Ah! jarnigoi! s'peut-il que d'l'eau
> Vous partrouble à c'point la çarvelle?
> Vouloir donner pour du nouveau
> C't'inondation éternelle !
> J'vas vous parler de bonne foi,

Et puifque vous m'prenez pour juge,
Toute c't'eau chaude, felon moi,
N'est qu'un réchauffé..... du déluge.

SALINEAU.

Elle a raison, morbleu.

Air : *J'commençons à m'appercevoir.*

Que le diable emporte votre eau
Qui, chaude, froide ou tiède,
Bien loin d'être un reméde,
N'est qu'un véritable fléau.
   Jadis, mon père,
   Octogénaire,
   Jadis, mon père,
   Me difait au contraire :
Mon fils fois honnète homme et boi,
Mais de l'eau fur-tout garde toi;
   Et moi,
   Et moi,
   Fidelle à cette loi,
   De vin j'emplis le verre,
   Où s'enivrait mon père.

GOBIN.

Et moi je vous soutiens que l'eau....

Mme. LEDOUX.

N'est bonne qu'à remplir les cruches.

SCENE XIV.

LES PRÉCÉDENS, LA GOUVERNANTE *apportant
un verre d'eau.*

LA GOUVERNANTE.

Buvez, monsieur.

GOBIN.

Comment!

LA GOUVERNANTE.

Le quart d'heure est passé.

GOBIN.

Est-il passé?.... Ah! mon Dieu! donne, donne bien vite, ma chère amie.....

SALINEAU.

Comment vous aurez le courage de boire cela.

GOBIN.

Certainement.

Air :

Nos vieux docteurs vont toujours ordonnant,

Purgeant, saignant, repurgeant, ressaignant,

Toujours rognant, sermonant et grognant,

Ma foi, mon cher, c'est par trop répugnant.

Mais que vous dit le mien,

Que rien

N'égale

Avale, avale, avale, avale, avale, avale, &c.

(Il boit.)

SALINEAU.

Quarante-huit verres d'eau.

GOBIN, *rendant le verre.*

Et quand ils sont bus ,

Vous ne vous plaignez plus.

Mme. LEDOUX.

Il y a de bonnes raisons pour ça.

GOBIN.

Allons, mon gendre, partons, car je n'ai qu'un quart d'heure à moi.....

LA GOUVERNANTE.

Tenez, monsieur, lisez bien vîte cette lettre, qu'un commissionnaire a remise chez nous. On dit que ça presse, ça vient de l'Allemagne.

Mme. LEDOUX, *à part.*

Peut-être c'est la mienne.

GOBIN.

De l'Allemagne. (*il ouvre la lettre*) Mon ami , c'est une lettre du docteur Call !....

Mᵐᵉ. L E D O U X.

D'l'homme aux crânes?....

S A L I N E A U.

Bah ! allons toujours chez le notaire, vous la lirez ensuite.....

G O B I N.

Ensuite?..... Une lettre du docteur Call !.... vous
n'y pensez pas...... Ecoutez, écoutez. (*il lit.*)

« Ma chère monsié Copin , j'afre reçu la buste de fotre
» tête en plâtre.

C'est de moi qu'il parle.

» J'afre étitié soignessement fotre système animal.

C'est toujours moi.

» Pour savoir si fotre prochet d'aller établir sou dans
» un port de mer, l'y être point danchereux. Mais la
» foyage que je fais faire à Paris. Procurer moi l'afantage
» te d'evisager fous plus en face.

Que de bonté !

» Prenez garde de ne rien conclure afant mon arrivée,
» d'autant que j'afre remarqué certaine protubérance au
» dessus de l'os frontal. (*se tatant.*)

Elle y est , mon ami ,... je sens la protubérance ! Quel
talent ! quel homme !

» Qui peut fous être très-nuisible..... ne terminez donc
» rien, ché serai aussi-tôt que ma lettre à Paris, ché des-
» cendrai aux petites maisons, où ches. ère afoir l'honneur
» de fous voir.

» C'est tans ces sentimens que j'affre l'honneur d'être,

» Fotre serviteur amical,

C A L L. »

S A L I N E A U.

Au diable tous ces charlatans.

G O B I N.

Charlatans ! je vous déclare que je ne terminerai rien
que le docteur lui-même n'ait prononcé définitivement sur
ma protubérance, et je cours pour cela aux petites maisons.

S A L I N E A U.

Comment ! comment !

E

Mme. L E D O U X.

Air : *Allons aux prés Saint-Gervais.*

Il a raison, l'cher papa,

Chacun sent ben où l'bât le blesse :

Le tems presse,

L'mal est là,

N'faut pas badiner avec ça.

G O B I N.

Je desire et j'appréhende

De savoir son sentiment.

S A L I N E A U, *à la Gouvernante.*

Moi, je crois que la marchande

Nous en revend.

LA G O U V E R N A N T E, *bas à Salineau.*

C'est vrai méfiez-vous en.....

G O B I N.

Allons, mon gendre, partons,

C'est mon bonheur qui le commande;

Allons, mon gendre, partons,

Courons aux petites maisons.

S A L I N E A U.

Allons, beau père, partons,

Si votre bonheur le commande;

Allons, beau père, partons,

(*A part.*)

Mais chemin faisant observons.

Mme. LEDOUX, *en même tems que*

Gobin et Salineau.

Allons, sans plus de façons,

Puisque son bonheur le commande,

Allons, sans plus de façons,

Courez aux petites maisons.

Mme. L E D O U X.

Allez, allez, y a encore d'la place pour deux.

SCENE XVI.

Mᵐᵉ. LEDOUX, LA GOUVERNANTE, PLUSIEURS PASSANS.

Mᵐᵉ. LEDOUX, *à part.*

V'la donc le notaire accroché.

LA GOUVERNANTE, *qui l'a écouté par derrière.*

Le notaire acroché ! Il y a du mic-mac.

Mᵐᵉ. LEDOUX.

Eh ben ? Quoi ! qu'est-ce donc ?

LA GOUVERNANTE, *appellant de toutes ses forces.*

Monsieur Gobin ! monsieur Gobin !

Mᵐᵉ. LEDOUX.

Prenez donc garde, madame Tocsin, vous allez démen-brer vot'carrillon.

LA GOUVERNANTE.

N'y a pas de risque, madame Brouillon.

UN PASSANT, *s'arrétant.*

Ah ! ah ! une dispute !

LA GOUVERNANTE.

Dieu merci, la mêche est éventée, ça ne prendra pas.

Mᵐᵉ. LEDOUX.

Bon ! il est question, p't'être de vos appas.

LA GOUVERNANTE.

Qu'est-ce à dire de mes appas, je vous trouve bien ar-rogante.

Mᵐᵉ. LEDOUX.

R'culez donc, madame Argante, je respectons les mo-numens.

LA GOUVERNANTE, *furieuse.*

Les monumens !

PLUSIEURS PASSANS, *arrétés.*

Bon ! cela s'échauffe.

Mᵐᵉ. LEDOUX, *la main sur la hanche.*

Pardine, et quoi donc ? V'là-t-il pas une jolie poupée du jour de l'an, pour venir s'quarrer sur mon trottoir, dittes donc, madame Magot, est-ce qu'on vous a envoyée de la Chine, exprés pour m'espionner ? en ce cas, j'vas vous bailler deux sous, bijou, vous irez dire au Préfet c'que chantent mes antiennes.

LA GOUVERNANTE.

Oui, oui, j'irai.....

Mme. LEDOUX.

C'est bon, l'histoire ancienne, tournez-moi le feuillet.

LES PASSANS, *arrêtés riant.*

Ah ! ah ! ah ! ah ! ah ! ah !

Mme. LEDOUX, *se tournant vers eux.*

Eh ben ! qu'est-ce qu'il a donc à rire cet échalas ? Ça vous rit comme une poule qu'a trouvé z'un couteau ; dites donc, monsieur de l'Effilé, il manque une lance dans la targédie de Suzanne, vous pourriez ben sarvir de ça. Tiens ! et c't'autre avec son habit court, il est familier le monsieur, il va voir ses amis en veste. Suis-je t'y pas une belle curiosité pour qu'ils s'arrêtent la comm'des Colas. R'gardez donc derrière vous chouchoux. Y allons ben vîte, détalez-moi.

TOUS.

Tudieu ! quelle commère ?

(*Les passans sortent.*)

DUO.

LA GOUVERNANTE.

Voyez c'te mijaurée,

Qui fait ici son embarras ;

Ça vous fait la sucrée,

Mais ses oranges ne l'font pas.

Sorcier, vipère,

Satan, mégère,

Et tout c'qu'enfer créa ;

Pour voir, pour voir tout ça,

Gnia qu'à voir c'te bell'peinture-là.

Mme. LEDOUX.

Voyez c'te délabrée,

Qui vient prendre ici ses ébats ;

Madame pestiférée,

J'allons rafraîchir tes appas.

Vois c'te rivière,

Vieille forcière ;

C'est-là, crois-moi, c'est-là,

Qu'ton teint s'éclaircira,

Gnia qu'un plongeon qui puiffe faire ça.

(La Gouvernante sort.)

SCENE XVII.

Mme. LEDOUX, *seule.*

A la fin m'en v'la débarrassée. Mais c'n'est pas tout, il m'faut à présent un docteur Call, pour prendre Gobin au trébuchet ; où le trouver ?.... Je le tiens, Modenville à de l'esprit, du jargon, il me fait la cour, c'est l'homme qu'il me faut.

Air : *Adieu je vous fuis bois charmant.*

Ce pauvre enfant, dans mes filets,

Depuis long-tems s'est pris lui-même,

Et c'est pour ça que je m'promets,

Le fuccès de mon stratagème.

De l'oifeleur en tout pays,

Les rufes nous dictent les nôtres,

C'est toujours l'oifeau qu'on a pris,

Qui fert pour en attraper d'autres.

CHŒUR LOINTAIN.

Oh! quel poiffon! Voyez donc, voyez donc !

Mme. LEDOUX.

Tiens ! qu'est-ce qu'il y a donc la bas ? Mais j'vois Modenville de ce côté, ccurons ben vite li faire sa leçon.

(Elle sort.)

SCENE XVIII.

CHŒUR, ensuite L'AUTEUR, LANTINET, LA GOUVERNANTE, Mme. LEDOUX.

UN BATELIER, *entrant avec plusieurs passans.*
Air : *Quand un tendron vient dans ces lieux.*

> Y accourons, y accourons tretous,
> Voir la grande merveille ;
> J'ons vu ben des bêtes cheux nous,
> Mais jamais de pareilles ;
> Ça fait l'plongeon, ça r'vient fur l'eau,
> Tout comme un intrigant nouveau.
> Oh ! oh !

CHŒUR, *arrivant sur le trotoir.*
> Oh! oh! oh ! oh ! ah! ah ! ah ! ah !
> L'étrange poiffon que voilà
> Là là.

(Ils restent sur le trotoir.)

UN PÊCHEUR.
Ma ligne ? Ma ligne ?

UN BATELIER.
Mon bateau *!* .... Mon fusil.

LE DÉCROTEUR.
Tiens ! son fusil *!* coup d'épée dans l'eau.

Mme. LEDOUX, *entrant.*
Eh ben *!* eh *!* qu'est-ce qu'il y a.

LE DÉCROTEUR.
Une bête curieuse.

Mme. LEDOUX.
Pour voir une bête, ils courent comme ça les uns après les autres ?.... Ah cousin, vous en êtes donc aussi ?

LANTINET, *descendant du trotoir.*
Eh mon Dieu oui, ils disent que c'est si beau.

Mme. LEDOUX.
Mais mon Dieu queu qu'c'est donc qu'ça ? *(Elle monte sur le trotoir.)*

L'AUTEUR, *descendant.*

Air : *Décacheter sur ma porte.*

Meffieurs, c'est une syrène.

UN AUTRE, *descendant.*

C'est plutôt une baleine.

UN AUTRE, *idem.*

C'est, je crois, un requin.

Mme. LEDOUX.

Hé non, c'est une carpe du Rhin,
Qui vient de r'monter la Seine.

LANTINET.

Air : *C'est un sorcier.*

Non, meffieurs, ce grand phénomène,
N'a rien qui vous doive étonner;
C'est un monstre qui dans la Seine
Vient bonnement ſe promener :
Sa robe noire, ſon allure,
Sa longue oreille, ſon œil rond,
    Soudain m'ont
      Du poiſſon
      Dit le nom.
Rien n'est ſi commun, je vous jure,
On en voit ſans aller bien loin,
    C'est un marſouin.

CHŒUR.

C'est un marſouin.

L'AUTEUR.

Qu'est-ce que vous dites, Marſouin, ce n'est pas la
une tête de Marſouin, je l'ai vue comme je vois ce qui
est devant moi ; c'est la tête du souffleur.

LA GOUVERNANTE, *descendant du trotoir.*

Messieurs, messieurs, vous plaisantez, mais tout ceci
ne nous annonce rien de bon.

L'AUTEUR.

Eh ! bonne femme, cet événement est, au contraire, le plus heureux des présages.

Air : *Vaudeville de décence.*

Fatigué de la tyrannie,
Qui pèse sur son élément,
Ce poisson, loin de sa patrie,
Cherche un refuge en ce moment ;
Et sur nos rives sa présence,
Semble annoncer à l'univers,
Que l'on verra bientôt la France
Ressaisir le sceptre des mers.

UN MARINIER.

Eh ! Guillot, Guillot, il passe sous l'arche à droite.

TOUS, *en sortant.*

Il file, il file, il gagne le Pont-au-Change.

LA GOUVERNANTE.

Miséricorde ! c'est mon quartier ; et ma fille qui est seule à la maison. Courrons vite.

SCENE XIX.

Mme. LEDOUX, LANTINET, L'AUTEUR

L'AUTEUR.

Et moi qui cherche depuis six mois une circonstance ! Je tiens enfin un sujet qui surnagera, ne perdons pas le Marsouin de vue.

LANTINET.

Quoi ! vous le ferez paraître sur le théâtre ?

L'AUTEUR.

Et pourquoi donc pas ?

» Il n'est point de marsouin, ni de monstre odieux,
» Qui par l'art imité, ne puisse plaire..... à l'œil. »

Lisez votre Virgile.

(*Il sort.*)

LANTINET.

C'est pas l'embarras, je voudrais bien qu'on le prit ; avant de me marier, j'ai bien le tems d'aller voir, n'est-ce pas cousine. *(il sort.)*

Mme. LEDOUX.

Oui, mais ne t'éloigne pas, car j'allons r'pêcher l'aut' Marsouin, justement le voici.

SCENE XX.

LES PRÉCÉDENS, GOBIN, SALINEAU.

GOBIN.

Ah *!* vous voilà madame Ledoux, apprenez-moi donc ce qu'il y a de nouveau ici. Je viens des petites maisons, le directeur m'a comblé de politesses ; au premier mot que je lui ai dit, il a voulu me retenir chez lui, mais le docteur Call n'était point arrivé.

Mme. LEDOUX.

Comment! vous ne l'avez pas vû, il vous cherche partout.

GOBIN.

Il me cherche, dites-vous.

Mme. LEDOUX.

C'est lui qui cause tout ce vacarme, tout ce remue ménage.

GOBIN.

Ah *!* mon Dieu, ou est-il donc? Ou pourrai-je le trouver ?

UNE VOIX, *à droite, en dehors.*

Le voilà, le voilà.

GOBIN, *allant de ce côté.*

Allons Salineau, courons au-devant de lui.

UNE AUTRE VOIX, *à gauche.*

Le voici, le voici.

GOBIN, *courant de l'autre côté.*

Comment *!* il est maintenant de ce côté.

UNE AUTRE VOIX.

A toi, à toi, tâche de le prendre.

GOBIN.

Qu'entends-je *!* on veut le prendre ?

F

UNE AUTRE VOIX.

Allonge lui un coup de croc. Hô.

GOBIN.

Un coup de croc au docteur !

UNE AUTRE.

Tue, tue, nous le ferons empailler.

GOBIN

Empailler le docteur Call , Salineau volons à son secours.

Mme. LEDOUX.

Rassurez-vous , le voilà tout vivant.

SCENE XXI.

GOBIN, Mme. LEDOUX, MODENVILLE, *déguisé eu docteur* , SALINEAU.

GOBIN.

Ah *!* monsieur, je tremblais pour vos jours : cette popu-
lace est si méchante *!* O Salineau , la belle tête *!*

MODENVILLE, *saluant.*

Monsir, l'honneur que j'avre reçu.... (*à part*) Que
vois-je *!* c'est monsieur Gobin , mon créancier *!*

Mme. LEDOUX, *à Modenville.*

Allons donc, courage. . . .

MODENVILLE.

Impossible , c'est un diable d'homme que j'évite depuis
six semaines.

Mme. LEDOUX, *bas à Modenville.*

Oh *!* vous y êtes, vous y resterez.

MODENVILLE.

Il n'y a pas à reculer , il faut s'en tirer.

GOBIN.

Monsieur le docteur, je vous en supplie, veuillez me
rassurer sur la protubérance.

MODENVILLE.

Monsir, avec grand volontiers ; mais commencez par
fermer les yeux.

GOBIN.

Pourquoi donc , s'il vous plait ?

MODENVILLE.

Parce qu'il être dans les yeux une occilation nuisible à la judiciaire de l'observateur, d'ailleurs...

Air :

L'ufage il être afantageux,
Chez nous c'est ein point te toctrine,
Qu'il faut fafoir fermer les yeux,
Pour bien croire à la médecine.

Mme. LEDOUX.

Eh oui, fermez, père Gobin,
Monfieur fait comm' fes camarades,
C'est le métier d'un médecin,
De fermer les yeux des malades.

GOBIN.

Pardon, monsieur, je croyais que cela n'arrivait qu'après l'ordonnance. Allons je ferme les yeux.

MODENVILLE.

Eh pien, monsir, je vois d'abord que vous afre été marié.

GOBIN.

Oui, monsieur, je l'ai été. (*à madame Ledoux.*) Le grand homme ! comme il doit avoir travaillé pour savoir tout cela.

MODENVILLE.

Ché vois de plus, que vous afre un débiteur matinal beaucoup.

GOBIN.

C'est bien vrai. Un mauvais sujet qui me fait lever tous les jours au chant du cocq. Quoi ! mais puisque mon crâne dit qu'on me doit, dit-il aussi qu'on me paiera.

MODENVILLE.

Pas tout de suite, un petit à-compte dans quelques années.

GOBIN.

Ah ! mon Dieu, et moi qui veut partir incessamment pour le Hâvre.

MODENVILLE.

Le Hâvre ? Ah ! monsir, gardez-vous bien de suivre ce brojet.

GOBIN.

Comment *!*

MODENVILLE.

Air : *Ma barque legere.*

A votre arrivée,
Je crois voir d'abord :
La mer soulevée,
Menacer le bord.
La tête sanglante
D'un mostre marin,
Sur l'onde écumante
S'élève soudain.
Au sein de l'abîme,
Je le vois errer,
Cherchant la victime
Qu'il veut dévorer.
Son œil étincelle,
Bouillant de courroux,
Sa noire prunelle
Se fixe sur vous.
Il gronde, menace,
Bondit furieux ;
Bientôt face à face,
Vous voilà tous deux.
Vers vous il s'élance,
Vous ne pouvez fuir,
Et je vois d'avance,
Pour vous engloutir,
Une gueule immense,
Sur vous s'entr'ouvrir :
L'infernale bète,
Il jete un long cri ;
Bras, corps, jambe, tête,
Tout est englouti ;
Sa rage assouvie,

Il fuit loin du bord,

La mer applanie

Rend le calme au port;

Tout reprend la vie

Quand vous être mort.

GOBIN.

Ah ! mon Dieu , Salineau, d'après cette prédiction , vous sentez que je dois bien me garder d'aller m'établir dans un port de mer.

SALINEAU.

Comment ! homme faible que vous êtes , vous allez croire qu'un monstre marin sort de la mer pour manger un marchand de draps.

GOBIN.

Dans le fait, monsieur le docteur, je ne vois pas pourquoi les monstres m'en voudraient. je ne leur ai jamais fait de mal , moi; j'ai mangé quelques goujons dans ma vie , et voilà tout.

SALINEAU.

Et vous ne voyez pas celui qu'on cherche à vous faire avaler en ce moment.

GOBIN.

Quoi ! l'on se moquerait de moi ?

SCENE XXII.

LES PRÉCÉDENS, PEUPLE.

LE PEUPLE, *en dehors.*

Le voici, le voici, gare à vous.

GOBIN.

Quoi ?

TOUS, *en passant.*

Le monstre marin , le monstre marin.

GOBIN.

Ah ! mon Dieu !

MODENVILLE.

Eh bien ! incrédules, croirez-vous à mes prédictions.

SALINEAU, *descendant du parapet.*

Ah ! ah ! ah ! c'est ce méchant Marsouin qui a suivi mon bateau de sel.

LA GOÜVERNANTE.

Taisez-vous, monsieur, taisez-vous, vous allez faire tomber le tonnerre sur nous.

(*On tire les coups de fusils.*)

GOBIN.

Ah ! mon Dieu.

LE DÉCROTEUR.

La bête est tuée.

GOBIN.

Je suis mort.

SALINEAU.

Oh ! c'en est trop. Je ne pourrai jamais vivre avec un beau-père aussi ridicule.

GOBIN.

Ridicule !

SALINEAU.

Eh ! oui vraiement ; votre crédulité vous rend la dupe de toutes les sottises, qu'on veut imaginer, mais je m'en moque, gardez votre fille, qui d'ailleurs, ne m'aime guère. je vends mon sel, et je retourne au Hâvre.

(*Il s'en va.*)

GOBIN.

· Eh bien, bon voyage.

SCÈNE XXIIIme. et dernière.

LES PRÉCÉDENS, **LANTINET, L'AUTEUR.**

Mme. LEDOUX.

V'là parler ça une bonne fois ; rendez plutôt ste cher enfant à mon cousin Lantinet que voici, et auquel vous l'avez promise.

LANTINET.

Ce n'est pas l'embarras, si c'est arrangé, je suis tout prêt.

JULIE.

Et moi aussi, mon père.

G O B I N.

Mais les prédictions du docteur.

Mme. L E D O U X , *ôtant la perruque de Modenville.*

S'il n'y a pas d'autres obstacles, le v'la levé.

G O B I N.

Que vois-je ! monsieur Modenville, mon débiteur.

M O D E N V I L L E.

Oui, monsieur, moi-même, et en cette qualité , j'offre
à payer le repas de nôces au Cadran Bleu, où j'ai crédit.

G O B I N.

Ma foi, j'y consens; mais voyez-donc comme j'ai été
bête aujourd'hui.

M O D E N V I L L E.

A propos, monsieur l'auteur.

Air : *Vaudeville de l'Opéra-Comique.*

Vous qui cherchez de grands fujets,

Chantez nos modernes miracles,

Chantez la valeur des français,

Triomphant de tous les obstacles,

Chantez tant d'illustres vainqueurs,

Et le héros comblé de gloire,

Qui fait, pour arrêter des pleurs,

Arrêter la victoire.

Mme. L E D O U X.

Voilà , voilà la marchande d'oranges.

Chœur de cris du commencement.

V A U D E V I L L E.

Ce pont est de la vie ,

Le fidèle portrait ,

Trotoir de la folie,

Tout s'y peint trait pour trait.

Tour-à-tour on paffe on rapaffe,

On troque, on achète , on revend,

On heurte, on culbute, on déplace;

Un fat monte , un fage defcend.

Ce pont est de la vie , &c.

J U L I E.

On y voit circuler en foule,

Des couples de jeunes amans,

Et l'eau qui fous le pont s'écoule,

Nous peint leurs volages fermens.

  Ce pont est de la vie, &c.

G O B I N.

Qu'une coquette s y promène,

Avec fon crédule barbon,

Auffitôt la famaritaine

Dit aux paffans, din....don, din....don.

  Ce pont, &c.

L'A U T E U R.

De bien des prudes les fcrupules,

Les promeffes de bien des grands,

Ne font-ce pas là les pillules

Que nous dorent les charlatans.

  Ce pont, &c.

L A M^{de}. D E P L A I S I R.

Partout le plaifir est fragille,

Quoique partout il foit commun;

Bien des gens en achètent mille

Et fouvent n'en goutent pas un.

  Ce pont, &c.

Mme. L E D O U X, *au Public.*

L'auteur qui court ici la chance,

Et du murmure et du fifflet,

C'est bien l'enfant qui fans prudence,

S'expofe fur ce parapet :

 Le moindre vent contraire,

 Est à craindre pour eux;

 Une main tutélaire

 Peut les fauver tous deux.

  Reprise.

Le moindre vent contraire, &c.

FIN

De l'Imprimerie de MOUISSET, Paffage du Caire, Nos 86 et 87.